Puertas abiertas / Open doors

Puertas abiertas / Open doors

Edwin Madrid

Puertas abiertas
Open doors

Translation *by* Carlos Reyes

ESKELETRA
editorial

Con el auspicio de:

Instituto Humanista de Cooperación
para Países en Desarrollo - Holanda

Primera edición en inglés.
© Open Doors, Trask House Books, 1999

Primera edición español/inglés.
© Puertas Abiertas/Open Doors, Eskeletra Editorial, 2000

Edwin Madrid
edrid@mixmail.com

Copyright © 2000 poems by Edwin Madrid
Copyright © 2000 translation by Carlos Reyes

Eskeletra Editorial
12 de Octubre y Roca (esq) 1° piso
Tel: 556691 / Fax: 543607 / Casilla postal 164-B Quito

Diseño de portada: Alfredo Ruales / Tribal

Impreso en Ecuador/Printed in Ecuador

ISBN 9978-16-027-2
Número de Registro Nacional de Derechos de Autor: 013935

Prologue

Rarely does it happen with an Ecuadorean author that one of his first works is published in English.

That can be said to be the stroke of good luck that happened to "Puertas Abiertas." In February last year, Trask House Books of Portland, Oregon published a beautiful edition of it with translation by the North American poet Carlos Reyes. I have since had the good fortune of becoming friends with him.

I now venture to present this bilingual edition as well as introducing the text of "Un trozo de pan" ("A piece of Bread") and making very slight changes in some of the poems from the original.

For this reason I prefer to present this publication as through it were a new book. For is not that indeed the case?

e.m.

PRÓLOGO

Pocas veces puede ocurrir con un autor ecuatoriano que la primera edición de uno de sus libros corresponda a su versión en inglés.

Eso que podría considerarse como una suerte corrió "Puertas abiertas" en febrero del año pasado cuando la editorial Trask House Books de Portland, Oregon publicó una bellísima edición con la traducción del poeta norteamericano Carlos Reyes, de quien, por fortuna, he merecido su amistad.

Ahora me atrevo a presentar esta edición bilingüe introduciendo el texto "Un trozo de pan..." y haciendo ligerísimas correcciones en los poemas "En este lugar...", "La araña..." y "Uno va a la cama..." de la versión original.

Por esta razón, he preferido ordenar la presente publicación como si se tratara de un nuevo libro ¿acaso no es así?

e. m.

to Anaís M. Q.

para Anaís M. Q.

Build the house
full of lights.
Raise it more with dreams
than bricks.

Think of an ample corridor
planted with flowers.
Put chimneys there—
an angel guarding the entrance.

A separate world
inhabited by crystalline,
joyous souls.

A temple
where I put my beaten self
back together
after the daily grind.

Uno va haciendo la casa
llena de luces,
la levanta más que con ladrillos
con los sueños.

Piensa en un corredor amplio
sembrado de flores,
pone chimeneas
y un ángel cuidando la entrada.

Mundo a parte
poblado por almas
cristalinas y risueñas.

Templo donde me recojo
rendido después de la
diaria batalla.

A man and a woman live
between these walls,
mute witnesses
of love and surprises.

A coffer that guards
the greater part of the life
of two affectionate beings.

They have painted the walls
to get heat from them,
wild walls
supporting laughter
and whispers.
The walls say amen
to all who pass,
and were they to speak
they would not tell lies.

Entre estas paredes viven un hombre y
una mujer,
mudas testigos de
amores y estremecimientos.

Cofre que guarda
gran parte de la vida
de dos seres entrañables.

Ellos han pintado sus muros
para que les brinden calor,
recias paredes
soportando risas
y susurros,
amén dicen a todo
lo que pasa, y
no es mentira si ellas hablaran.

They would relate
what's going on inside
with what's going on outside
and vice versa.

Perfect limit
for never being the other;
in order to be oneself.

Line of suspense
that some might cross
without realizing it.

Doors that open,
doors that close.
or shadow-filled.
If you want to get out—
never go in.

Pueden comunicar
lo de adentro con lo
de afuera o al revés.

Límite perfecto
para jamás ser lo otro;
para ser uno mismo.

Línea de suspenso
que algunos atraviesan
sin tomar en cuenta nada.

Puertas que se abren,
puertas que se cierran,
nunca se podrá entrar
si se desea salir, como jamás
saldrán aquellos que ingresaron.

In this spot
imagination is
the order of the day.

An open place where life
simmers forever.

Who has not entered
like a cat
and knocked the lid off a vessel
letting the aromas
of ocean and land escape?

Ay!, pity the day that water
doesn't boil in the pot—
that its vapor
doesn't intoxicate the heart of
the house.

En este lugar,
la imaginación está
en el orden del día

Zona franca donde se coce
la vida eternamente.

¿Quién no ha ingresado como
un gato a
destapar el recipiente que deja
escapar los olores
del mar y de la tierra?

¡Ay! del día que no hierva
el agua en la olla y
su vapor
no embriague el corazón de
la casa.

This window shows the mountain
and airplanes in flight.

Eye open to moon—
light
and the perfume of rain.

Magic glass
like the crystal ball
in grandmother's stories.

Esta ventana deja ver la montaña
y el vuelo de los aviones.

Ojo abierto a la luz de
la luna y
al perfume de la lluvia.

Vidrio mágico
como la bola de cristal
en los cuentos de la abuela.

My mother
resolutely cuts
red sparklers
that smell of the land and nostalgia.

She waters and nurtures
this favorite spot
of birds and earthworms;
the ground holds the humidity
and the smell of the earth.

A life flooded by the sun,
cells that rush
through the crossroads
in all directions,
carrying and bringing sustenance
for the flaming red roses
my mother cuts so lovingly.

Mi madre
corta con dedicación
destellos rojos
que huelen a campo y nostalgia.

Ella, riega y abona este sitio
preferido
por pájaros y lombrices;
el suelo guarda la humedad
y el olor de la tierra.

Vida inundada por el sol,
entrecruzamiento de células
que corren en todas las direcciones
llevando o trayendo alimento
para que broten
fulgurantes rosas rojas
que mi madre corta amorosamente.

Anonymous characters
hunker down,
raise temples,
build entire cities.

What a beautiful house!

But nobody asks
about the ghostly beings
who, one by one,
precisely placed
the stones for the house.

Souls made for epic journeys,
capable of wasting what they gain
in a memorable drinking spree.

Ephemeral inhabitants
of all the world's houses.

Personajes anónimos
agachan el lomo y
levantan templos,
construyen ciudades enteras.

¡Qué linda casa!

Pero nadie pregunta
por los seres fantasmales
que con precisión
fueron colocando una por
una las piedras de la casa.

Almas hechas para épicas jornadas,
capaces de gastar todo el salario
en una generosa borrachera.

Habitantes efímeros de
todas las casas del mundo.

My woman
wraps her body
in foam,
begins to sing,
and little waves
of water
run toward the drain.

She sprinkles oils
and salts of roses.

She sings muted lyrics,
making the bath
a ritual of spring.

My woman,
who comes out of the shower
as shiny
as a summer morning
in the country,
can scarcely see that I,
prince of the silent song,
am the one, with passion, she
serenades in the bath.

Mi mujer envuelve
su cuerpo
con espuma,
empieza a cantar
y el agua corre
en pequeñas oleadas
hacia el sifón de la ducha.

Se riega aceites y
sales de rosa.

Canta una letra muda
haciendo del baño
ritual primoroso.

Mi mujer,
reluciente como una mañana
de verano en el campo,
al salir del baño
apenas percibe
que soy el príncipe
de la canción muda,
que con pasión
tarareaba bajo la lluvia
de la ducha.

Actually the house
shouldn't have
so many mirrors.

If I am another,
who's looking at whom?

Realmente la casa
no debería tener
tantos espejos.

Si yo soy otro,
¿quién mira a quién?

The sky is lashed
by the winds of August.

In the depths of a church
neither large nor small,
from the walls and pink cupola,
perhaps, it is
the house of Saint Rose of Lima...

Around black spots,
shining like flames,
off to one side,
a little wooden bridge
for passing over, for carrying
the sighs of the couples
that Kike Polanco
painted for me.

El cielo azotado por los
vientos de agosto.

Al fondo una iglesia ni
grande ni pequeña, de
paredes y cúpulas rosa,
tal vez,
casa de Santa Rosa de Lima.

Alrededor manchas negras,
brillando como llamas, y
a uno de los costados
el puentecito de madera
para el paso y los
suspiros
de las parejas que
Kike Polanco pintó para mí.

Youthful silken bodies
with the aroma of mint
enter and leave
these rooms.
They hate the roof over their heads,
and the smallest trifle
can cause them to discover
the idea of flight.

Adolescents of fresh
muscles or porcelain hips,
they want to run out
in search of their dreams.
A few will catch up with them
and long for their return;
others will always return
and then go out again.

Beautiful faces
swimming in the clouds,
someday they will rest
beneath the roof of a house.

Jóvenes cuerpos de seda
con olor a hierbabuena
entran y salen de
estas habitaciones,
reniegan del techo que les cobija,
y la idea de la huida
la descubren por
el quítame estas pajas.

Adolescentes de frescos
músculos o caderas de porcelana
quieren salir corriendo
en busca de sus sueños;
algunos los alcanzarán
y añorarán el retorno,
otros siempre regresan y
hacen un nuevo intento.

Bellos rostros vagando entre
la niebla,
algún día reposarán bajo el
techo de una casa.

The last roof tile has been put
on the house,
a brilliant cover
where the rays of the sun
explode as well as the rays
of the rain.

Perhaps one day
those trade winds
will succeed in moving
that small leaf of clay;
then life will have covered
those hollows of the soul
sufficiently to retain
the heat of the hearth.

Se ha colocado la última
teja en la casa,
reluciente cubierta donde
se estrellarán los
rayos del sol y los rayos de
la lluvia.

Tal vez, un día los
vientos alisios
logren mover esa
pequeña hoja de arcilla;
para entonces,
la vida ya habrá cubierto
aquellos huecos del alma,
suficiente para retener
el calor del hogar.

Pineapple arranged
in wheels
on the white tablecloth,
fresh smells
making the mouth water.

Sweet meat of the tropics—
no trace left of it
when we get up from the table.

Piña derramada en
rodajas sobre el
mantel blanco,
aroma fresco
haciendo agua la boca.

Dulce carne del trópico
de la que no queda rastro
al levantarnos de la mesa.

I heard the voice of the bird
in the branches
of the apple tree.
It turns its flexible head,
and, at times, flutters its wings
almost out of control;
bird of yellow beak.
Small cloud of feathers
that sings with jubilation.

Now it rises
and falls like multicolored rain,
again emitting its song;
I imagine they are verses of love
repeating themselves
like an echo
from the tree in the distance.

The bird hops from branch
to branch,
puffs out its silver-blue chest,
sings with a palpitating heart.
Later it tries out a flight
painting the sky
blue, yellow
until it is lost
in the lushness
of that distant tree.

Escucho la voz del pájaro
que está en la rama
del manzano,
mueve su cabecita cimbreantemente
y, a veces, aletea
casi sin control;
pájaro de pico amarillo.
Pequeña nube de plumas
que canta con júbilo.

Ahora se eleva y
cae como lluvia
multicolor,
vuelve a emitir su canto;
imagino son versos de amor
repitiéndose como un
eco
desde otro árbol lejano.

El pájaro va de rama en
rama,
infla su pecho azul-plateado y
canta con el corazón palpitante,
luego ensaya un vuelo
pintando el cielo de
azul, de amarillo,
mientras se pierde en
la espesura
de aquel lejano árbol.

It is the ancient boat
gold and purple
gliding through
the velvety waters.

Beautiful swan
navigating with sweetness
the flowers of the years.

The last age
that crosses the seas of the world
with the tiller of knowledge.

Es el viejo barco
oro y púrpura
deslizándose en
aguas aterciopeladas.

Bello cisne
navegando con dulzura
entre
las flores de los años.

Última edad
que cruza los mares del mundo
con el timón de la sabiduría.

Around midnight,
a blue rose bursts forth,
and the aroma of petals
perfumes the atmosphere;
a song's lyrics rise
from the heart towards
the lips.

In silence,
for the love of the song,
someone accompanies
rain that dampens
the soul,
leaving sentiment
ready
for the recollection
of that woman.

Por la media noche,
una rosa azul estalla, y
el aire de pétalos
perfuma el ambiente;
surge una letra
del corazón hacia
los labios.

Alguien acompaña en
silencio
al amor de la canción,
lluvia que moja el
alma,
dejando el sentimiento
listo
para la evocación
de esa mujer.

My friend Favio has come
to see the building
of the house.
He makes a lot of gestures,
exclaims and asks
questions.

I try
to explain each thing.

Later, he embraces me,
congratulates me,
says goodbye.

He leaves thinking
that it is
a very ostentatious house
for a simple poet, a very simple
house
for an ostentatious poet.

Ha venido mi amigo Favio
a ver la construcción
de la casa,
hace muchos gestos
de exclamación y
preguntas.

Yo, trato de
explicarle cada cosa.

Luego, me abraza
felicitándome y
se despide.

Va pensando que es
una casa
muy ostentosa para
un simple poeta, una
casa muy simple para
un poeta ostentoso.

The sun is shining
like a huge orange.

Delicious juice
that falls inflaming
those splendid bodies
lying beside the pool
like refreshment offered
to the summer in the valley.

El sol brillando
como una naranja gigante.

Jugo delicioso que
cae incendiando esos
cuerpos espléndidos
tendidos junto a la
piscina como
refrescantes ofrendas
al verano en el valle.

A leaf zigzags on the wind
and drops on the sunflowers
a little worm whose stiff wings
are polished
with the colors of the sky,
the sea and the land,
inciting the astonishment
of the marveling child
who follows its flight on the run.

Hoja que zigzaguea el viento
y se posa sobre los girasoles,
gusanito de alas tersas
donde se esmeran los
colores del cielo, los
colores del mar y la tierra,
encendiendo el asombro
del niño que maravillado
corre tras su vuelo.

The spider,
climbs up and down
on the hair of dawn.

It builds its house
in any corner
of your house.

A smooth and sticky
lodging with hundreds
of rooms and hallways
that shine in the morning.
sun. Until
a fly falls;
and it is as if
from time to time
a turkey
rains down onto the patio
for us to eat.

La araña,
sube y baja
por el cabello del
amanecer.

Construye su casa
en cualquier esquina de
tu casa.

Albergue suave y
pegajoso, con cientos de
habitaciones y pasillos
que relumbran con el sol
de la mañana. Hasta que
cae una mosca;
y es como si a nosotros,
de vez en cuando, nos lloviera
un pavo en el patio de la casa.

My friends write
from Florence or Prague.
They talk, almost with amazement,
of the discoveries
they make.

How can I answer them, I
who have never known
airplanes and seaports?

My friends,
vigorous men of the world,
detail to each other
fabulous stories
of skyscrapers and women
of brilliant skin.

They have forgotten
that I live surrounded by mountains,
that everything is a question
of being able to reach the summit
of one of them
and push on toward
the other side.

Mis amigos escriben desde
Florencia o Praga,
hablan, casi con asombro,
de los descubrimientos
que hacen.

¿Qué puedo contestarles yo
si nunca he sabido
de aviones y puertos?

Mis amigos,
vigorosos hombres de mundo,
detallan uno a uno
fabulosos cuentos de
rascacielos y mujeres
de piel brillante.

Han olvidado
que vivo rodeado de montañas,
y que todo es cuestión
de que alcance la cumbre de
una de ellas
y me lance hacia
el otro lado.

Sparkling hair that falls
a very black cascade
over the white pillow.

Fire in dreams
invading everything.

Incendiary woman,
at her step
lilies blossom
and honeysuckles.

What love in her
naked body
thrown next to mine
like a branch of lights
illuminating my life.

Cabellos rutilantes que caen
en cascada
negrísima sobre
la blanca almohada.

Fuego en el sueño
invadiéndolo todo.

Mujer incendiaria,
a su paso
brillan lirios y
madreselvas.

Cuánto amor en su
cuerpo desnudo
tirado junto al mío
como un ramito de luces
iluminando mi vida.

When we open our hands, a bird
flies scratching the blue sheet of the sky;
later, like a cup of feathers,
it returns to rest within our hands
and, on opening them, launches trills
to rest again on the breast.
Such is the flame that burns
between lovers.

Pájaro que cuando abrimos las
manos,
vuela rasgando la sábana azul
del cielo; y
luego, como un copito de plumas
vuelve a posarse entre las manos
y al abrirlas vuela lanzando
trinos, para nuevamente
acomodarse en el pecho
como la llama que arde entre los amantes.

How many centuries passed
before man discovered
the chair
four-footed animal
over which
weariness rests!

But, Please! Sit down;
secretary's chair,
electric chair,
an object that allows
the lovers
to practice their games.

Only with great difficulty can a man
sit at his ease
in something that's not a chair.

Cuántos siglos transcurrieron
para que el hombre de
con la silla,
animal de cuatro patas,
sobre el que descansa
el cansancio.

Pero ¡por favor! Tome asiento;
silla de secretaria,
silla eléctrica,
objeto para que los
amantes
practiquen sus juegos.

Difícilmente podrá el hombre
sentarse a sus anchas
en algo que no sea la silla.

We go to bed
because of laziness or the cold,
but also eat
over it
dream
and die in it.

It's incredible! the time
we pass
in it with her.

And woe to us, if
one day a lunatic appears
and orders
the beds of the world burned.

Uno va a la cama
por haragán o por frío,
pero también come
sobre ella
y sueña
y muere.

¡Es increíble! el
tiempo que pasamos
en ella con ella.

Pobres de nosotros, si
un día aparece un loco
y ordena quemar
las camas del mundo.

The angels make their way
among clouds that go and come
like giant cotton cocoons.

There are spikenards of such sweet aroma
that they restrain the limits
of the room.

The sky is altered
with the presence of the Saints.

Beautiful images painted
with the light of the sun being born
that a child contemplated,
like one who imagines the prize
that the good God reserves for us.

Los ángeles abren su paso
entre nubes que van y vuelven
como gigantes capullos de algodón.

Hay nardos de tan dulce aroma
embargando los límites del
cuadro.

Alterado está el cielo
con la presencia de los santos.

Bellas imágenes pintadas
con la luz del sol de invierno
que de niño contemplaba,
como quien imagina el premio
que el buen Dios nos reserva.

A piece of bread shines on the table
with happiness, a wooden table
without a cloth;
an unexceptional table, but spotless.
A piece of bread that does not come from pastry chefs
in France or Ecuador. A chunk of ordinary bread,
but made with love.

A table.
A piece of bread.
Daily happiness.

But there exist wobbly tables
and sour breads, where happiness doesn't sit down
at the table.

Wobbly tables,
adorned with silks and flowers, onto which
the powerful let their hands and sinister
briefcases fall. Negotiation tables. Tables where
the world's designs are traced. Mortuary slabs and
operating tables.

Tables as the mirror of man where happiness
is of short duration, like the banquet spread out

Un trozo de pan en la mesa relumbra
de alegría, una mesa de palo sin mantel;
una mesa cualquiera, pero pulcra.
Un pedazo de pan sin la repostería francesa
o ecuatoriana. Un trozo de pan ordinario,
pero con amor.

Una mesa.
Un pedazo de pan.
Una felicidad diaria.

Pero existen mesas cojas
y panes agrios, donde la alegría no se sienta
a la mesa.

Mesas patojas,
adornadas con sedas y flores, en las que
poderosos dejan caer manos y carpetas
siniestras. Mesas de negociaciones. Mesas en las
que se trazan los designios del mundo. Mesas del
cementerio
y del quirófano.

Mesas como espejo del hombre donde la alegría
dura poco, igual al banquete que uno coloca

on the table so that friends can enjoy it.

Simple and luminous tables, flat and smooth
like recently washed faces.

Blue and black tables.

Red tables.

Cold tables.

Round and square like dreams.

Pleasant tables.

Impossible tables and those full of glory.

Sweet and fragrant from love.

Tables and more tables that a man and woman set
in any place as their faithful self-portrait.

sobre la mesa para el disfrute con los amigos.

Mesas sencillas y luminosas, llanas y lisas
como rostros recién lavados.

Mesas azules y negras.

Mesas rojas.

Mesas frías.

Redondas y cuadradas como los sueños.

Mesas blandas.

Mesas imposibles y llenas de gloria.

Dulces y olorosas mesas de amor.

Mesas y más mesas que hombre y mujer van colocando
en cualquier sitio como su fiel autorretrato.

Seated in the balcony,
I hear the group of girls
that pass, singing.
Their triumphal hymns
are the product of their
fifteen or sixteen years of life.

The girls laugh
hysterically.
By chance, do they know the world
belongs to them?

I hear them in their
furor,
the gold in their hearts
shines intensely,
and now that the wind
has stopped growling,
they sing like a happy
adventure of midday.

Sentado en el balcón,
oigo al grupo de muchachas
que pasan cantando
los himnos del triunfo,
son obra de sus
quince o diecisiete años.

Las muchachas ríen
con estrépito,
¿acaso, saben que el mundo
les pertenece?

Yo, las escucho en su
arrebato,
el oro de sus corazones
brilla intensamente, y
ahora que no gruñe
el viento
cantan como una alegre
aventura del medio día.

In the field's immenseness
petals of crystal come loose
and look for a way downhill.

Horizons stuffed
with black clouds
where the flashing
eyes of the afternoon,
dying out, departing,
listen to the ancient voice
of the skies of October...

There is no doubt.
Winter has arrived.

Pétalos de cristal saltan
en la inmensidad del prado
y buscan su cauce colina abajo.

Horizonte atiborrado
de nubes negras,
donde relampaguean
los ojos de la tarde
que al apagarse dejan
escuchar la voz antigua
de los cielos de octubre.

No hay duda,
ha llegado el invierno.

I dream and make calculations;
imagining a day,
I throw out numbers.

There are many years
of going and coming
for the same idea:
a stroke of luck
would help my slim salary.

Nevertheless I know
that the majority
of Ecuadorians
in order to live
spend their days
making holes in the earth.

Sueño y hago cálculos,
imagino un día,
echo números.

Son muchos años
tejiendo y destejiendo
la misma idea.

Un golpe de suerte
ayudaría al escaso salario.

Sin embargo, sé
que la mayoría de los
ecuatorianos
para vivir cavan
un hueco en la tierra.

INDEX

Índice

PUERTAS ABIERTAS / OPEN DOORS,
terminó de imprimirse en el mes de junio del año 2000,
en los talleres de la imprenta de Pudeleco Editores S. A. en
Quito-Ecuador
Se compuso en caracteres Garamond 11 puntos,
y se imprimió en papel bond de 75 gr.
Edición que consta de 500 ejemplares
al cuidado de Aleyda Quevedo R.

EJEMPLAR Nº